Reconocimiento

Reconocimiento

Serie Vida Sexual con Valores
Grado 1

Rocío Cartagena Garcés

www.librosenred.com

Dirección General: Marcelo Perazolo
Ilustraciones: Victoria Vidal y Gricelio Martin
Diseño de cubierta: Laura Gissi

Está prohibida la reproducción total o parcial de este libro, su tratamiento informático, la transmisión de cualquier forma o de cualquier medio, ya sea electrónico, mecánico, por fotocopia, registro u otros métodos, sin el permiso previo escrito de los titulares del Copyright.

Primera edición en español - Impresión bajo demanda

© LibrosEnRed, 2018
Una marca registrada de Amertown International S.A.

ISBN: 978-1-62915-406-0

Para encargar más copias de este libro o conocer otros libros de esta colección visite www.librosenred.com

Naces de la sexualidad, creces y te desarrollas por la energía vital que de ella tomas; su fuerza creadora te conduce más allá de donde te es posible esparcir tus semillas y ser responsable por ellas; y mueres, cuando esa energía vital trasciende y abandona tu cuerpo.

Requerimientos para iniciar este taller

Queridos alumnos y apreciados padres del grado 1:

Felicitaciones sinceras si tuvieron la afortunada experiencia de confrontar algunas de sus naturales curiosidades infantiles con la propuesta desarrollada para tal fin en los talleres desde grado 0 hasta grado 5 de esta serie "Vida Sexual con Valores", que idealmente debieron entender.

Debió ser una experiencia afortunada en el sentido de haber sido oportuna para el momento que viven y también por haberles entregado mensajes y respuestas que corresponden a algunas de las inquietudes propias de su evolución personal y edad. El conocimiento y valoración de la vida sexual humana, como prodigio sin igual en la naturaleza en tanto constituye el origen de la vida misma, debe iniciarse a la par con las curiosidades infantiles y sobre la base de conocer y valorar el cuerpo como centro de ella. Para aprovechar y usar bien su cuerpo, herencia de lo sexual que comunica la vida valiéndose de los procesos de crecimiento, desarrollo, maduración y reproducción, deben saber quiénes son, de dónde vienen y su razón de ser en el mundo. Es decir, deben descubrir el propósito por el cual cada uno de ustedes fue llamado a vivir en este planeta y asumirlo como la misión a cumplir para encontrarle sentido a su existencia.

Dado que existe la posibilidad de que haya alumnos y alumnas vinculándose a la institución escolar sin haber cumplido una o varias etapas de este proceso orientador, esta sección contiene la lista de los cinco aspectos o temas esenciales de cada grado anterior, a efectos de pactar entre docente y familia su refuerzo y evaluación antes de iniciar el presente grado, para permitir secuencialidad y mayor comprensión a quienes no hayan tenido acceso al aprendizaje previo. Este refuerzo debe ser acompañado con otras actividades complementarias que sirvan de apoyo al proceso de la orientación sexual, en el que es primordial fundamentar valores.

Aspectos o temas esenciales del taller grado 0
Identidad

- Mi quehacer como hijo, alumno y ciudadano, porque contiene la guía de lo que mínimamente debe hacer cada ser humano para vivir en armonía consigo mismo, con la familia, con la sociedad y con la naturaleza.
- La valoración del origen divino como fuente de los dones especiales recibidos (vida y cuerpo) y, con ellos, el reconocimiento de la igualdad en la dignidad de todos los seres humanos y su trascendencia en el cumplimiento de su misión a través del uso adecuado del cuerpo y de los dones de la inteligencia, la voluntad y el amor y de los demás atributos que de ellos se derivan.
- La interiorización de la identidad personal sobre la base de la aceptación de quiénes somos y cómo somos, el reconocimiento y construcción de valores y el desarrollo de los talentos que nos permiten vivir en sociedad y ser útiles dentro de ella.
- La toma de conciencia acerca del significado del cuerpo como máximo don personal y su cuidado, respeto y pro-

tección, aplicando en todo momento y lugar las pautas establecidas para tal fin.
- El reconocimiento del proceso de nacimiento, crecimiento y desarrollo de la vida humana intrauterina y en especial su concepción, como acuerdo previo entre dos: sus potenciales padre - madre.

Quienes por alguna razón no vivieron la experiencia de tal confrontación y aprendizaje, tanto padres como hijos - alumnos, quedan invitados pero a su vez comprometidos a buscar de común acuerdo con el docente los mecanismos apropiados para salvar este vacío de la mejor forma posible, de tal modo que el ciclo de orientación sexual inicie como debe ser: por el principio y respondiendo debidamente a las preguntas que fueron de mayor curiosidad e interés.

Justificación taller grado 1

Si el niño o la niña no aprenden a reconocerse y a reconocer a otros, ¿cómo entablar en el futuro relaciones interpersonales de amistad, de estudio, de trabajo o de pareja que sean exitosas?

Saber cómo es, percibir su existencia como parte de un grupo y de un universo, descubrir que pertenece a un género y reconocer sus igualdades y diferencias, lo mismo que las causas que las originan, es igualmente crucial para el niño y la niña en su proceso socializador.

Sólo la relación del niño y la niña con otros niños y niñas les permite entender la existencia de la diversidad y, dentro de ella, percibir su propia individualidad con sus igualdades y diferencias que le permiten sentirse único, pero igual y diferente a la vez.

Facilitar esta etapa de reconocimiento desde el hogar permite al niño o niña, de manera temprana, percibir sus igualdades y valorar sus diferencias como parte de la individualidad, lo que a su vez le permite aceptarse como es y, por lo tanto, le ayuda a reconocer y aceptar sus limitaciones.

El reconocimiento y respeto de la individualidad tanto por parte del niño y la niña como de sus padres y maestros, debe inducir a una campaña de respeto por esa individualidad, a entender la diferencia en los distintos ritmos de aprendizaje y los diferentes niveles de superación de logros por parte de cada niño y cada niña frente a su propio proceso, lo mismo que a programar tareas de refuerzo que, sin mostrarlas discriminatorias, busquen equilibrar aunque sea en forma parcial el nivel de logros para quienes por alguna razón tuvieron dificultades, por citar algún ejemplo.

Estas tareas adicionales, luego de cumplida la jornada, aplicadas en unos pocos minutos a quienes mostraron algún tipo de dificultad en sus logros por cualquier razón propia de su individualidad, pueden ayudar a mejorar su ritmo de aprendizaje, su comportamiento y por lo tanto su autoestima.

Reconocerme y saber que otros me reconocen, es base del respeto a mis diferencias.

Malla curricular

Período 1

Competencias (Ser-Saber-Hacer)	Logros	Contenidos Me reconozco en el otro
Reconoce la causa de las diferencias entre los seres humanos Identifica las diferencias como parte de su individualidad Valora y respeta las diferencias entre sus compañeros de grupo Establece igualdades y diferencias con sus compañeros Expresa las causas que dan origen a las diferencias de personalidad	Deduzco mi singularidad y la de los otros, en consideración a la raza, género, pensamientos, sensaciones, sentimientos, emociones y preferencias o gustos Identifico las diferencias como parte de la individualidad o singularidad humana y procuro el respeto por las mismas Asimilo que soy igual pero diferente a mis amigos, con quienes comparto mis experiencias y el sentido de la amistad	Soy único e irrepetible Así es mi personalidad Las diferencias me hacen singular o diferente Reconozco la igualdad en la diferencia

Período 2

Competencias (Ser-Saber-Hacer)	Logros	Contenidos Me reconozco en el otro
Aprecia su cuerpo para identificar sus singularidades Enumera las habilidades y destrezas que puede desarrollar empleando su cuerpo Deduce que su cuerpo es perfecto para cumplir una misión si desarrolla sus habilidades Comprende que su desarrollo corporal lo convertirá en adulto - adulta	Descubro lo que me gusta de mi cuerpo e identifico las habilidades y destrezas que puedo desarrollar a través de él Me reconozco y reconozco a los demás niños y niñas en la pareja que son mis padres y en otros adultos. Yo sé que seremos como ellos	Mi cuerpo es perfecto Los niños y niñas seremos adultos

Período 3

Competencias (Ser-Saber-Hacer)	Logros	Contenidos Me reconozco en el otro
Identifica los roles o papeles que desempeña cada miembro de la pareja Deduce que es igual la importancia de cada miembro de la pareja Entiende la importancia de que hayan padres adoptivos Expresa con cuál miembro de la pareja de padres se identifica más Asimila que los quehaceres de la casa les corresponde a todos los que la habitan Percibe que las familias son diferentes al igual que las personas	Identifico los roles que desempeña cada miembro de una pareja y ambos me parecen dignos, necesarios e importantes Deduzco que cada tipo de trabajo u oficio desempeñado dentro o fuera del hogar por cada miembro que esté en condiciones de hacerlo, es un aporte o contribución al bienestar de la familia y acepto que los hijos también debemos colaborar para aprender responsabilidad y para sentirnos útiles y solidarios Percibo que mi familia y cada familia es diferente y única	Los roles de los miembros de una pareja son igualmente necesarios y dignos Hay papás y mamás adoptivos Los niños y las niñas imitamos los roles y comportamientos de nuestros padres y de otros adultos significativos Aportar al bienestar del hogar es valioso Mi familia y cada familia es diferente y única

Período 4

Competencias (Ser-Saber-Hacer)	Logros	Contenidos Me reconozco en el otro
Reconoce la importancia de la familia como base de su seguridad Manifiesta valores en su comportamiento Identifica sus pertenencias y las cuida Manifiesta respeto y cuidado por los bienes comunes Demuestra cuidado y respeto por su cuerpo	Entiendo la diferencia entre una pareja y una familia y reconozco la importancia de la familia en la construcción de la sociedad y en la formación de valores Practico el sentido de pertenencia reconociendo lo propio, lo colectivo, y lo del otro, cuidando mis pertenencias y las colectivas, y respetando las ajenas Reafirmo que mi cuerpo es mi mayor pertenencia y que debo cuidarlo, respetarlo y protegerlo	Bases sobre las cuales se debe construir una familia El sentido de pertenencia El cuerpo, mi mayor pertenencia

Logros

1. Leo y comprendo el contenido de la carta a los estudiantes y realizo las actividades propuestas, con la ayuda de mis padres o sustitutos y docente.

2. Leo, analizo y comento el mensaje sobre mi quehacer como hijo (a), estudiante y ciudadano (a).
3. Retroalimento los contenidos del taller grado 0 y confronto mis respuestas.
4. Deduzco mi singularidad y la de los otros, en consideración a la raza, género, pensamientos, sensaciones, sentimientos, emociones y preferencias o gustos.
5. Identifico las diferencias como parte de la individualidad o singularidad humana y procuro el respeto por las mismas.
6. Asimilo que soy igual pero diferente a mis amigos, con quienes comparto mis experiencias y el sentido de la amistad.
7. Descubro lo que me gusta de mi cuerpo e identifico las habilidades y destrezas que puedo desarrollar a través de él.
8. Me reconozco y reconozco a los demás niños y niñas en la pareja que son mis padres y en otros adultos. Yo sé que seremos como ellos.
9. Identifico los roles que desempeña cada miembro de una pareja y ambos me parecen dignos, necesarios e importantes.
10. Deduzco que cada tipo de trabajo u oficio desempeñado dentro o fuera del hogar por cada miembro que esté en condiciones de hacerlo, es un aporte o contribución al bienestar de la familia y acepto que los hijos también debemos colaborar para aprender responsabilidad y para sentirnos útiles y solidarios.
11. Percibo que mi familia y cada familia es diferente y única.
12. Entiendo la diferencia entre una pareja y una familia y reconozco la importancia de la familia en la construcción de la sociedad y en la formación de valores

13. Practico el sentido de pertenencia reconociendo lo propio, lo colectivo, y lo del otro, cuidando mis pertenencias y las colectivas, y respetando las ajenas.
14. Reafirmo que mi cuerpo es mi mayor pertenencia y que debo cuidarlo, respetarlo y protegerlo.
15. Evalúo mis avances en el área realizando la sopa de letras propuesta

Metodología

A través del educador sexual o del docente con función de orientador[1] o, en su defecto, a través del director de grupo[2], en una reunión mensual de una hora (o más de ser posible)

---

[1] Cargo propuesto como parte de la conformación del comité escolar de convivencia, citado en el artículo 12 de la Ley 1620 de 2013 "por la cual se crea el sistema nacional de convivencia escolar y formación para el ejercicio de los derechos humanos, la educación para la sexualidad y la prevención y mitigación de la violencia escolar".

[2] Sería una opción recomendable bajo el entendido de que el director de grupo tiene mayor empatía y carisma con sus alumnos y mayor acercamiento con los padres de ellos.

que podría realizarse en el horario correspondiente a la clase semanal de educación sexual[3], la institución escolar presentará a los padres de familia el derrotero de las tres clases restantes del mes, a efectos de:

<u>Sensibilizarlos</u> en cuanto a actitudes y comportamientos deseables como padres con el fin de evitar contradicción entre ellos y la institución escolar.

<u>Analizar</u> con ellos la problemática que surja en torno a los temas propuestos para que las clases se puedan abordar con unidad de criterio.

<u>Aclararles</u> dudas sobre procedimientos y escuchar sus sugerencias, pero sobre todo motivarlos a abordar al niño, niña y adolescente con la verdad, entendiendo y aceptando que los padres NO SOMOS DIOSES sino seres humanos y que es preciso reunir el valor suficiente para enfrentar la verdad en temas sensibles como la concepción, el nacimiento, la ausencia de un padre y del apellido del mismo, la adopción, entre otros. Si reconocemos y asumimos nuestro derecho a equivocarnos y a cometer errores, evitaremos que en el futuro caiga la "máscara de santidad" que hemos llevado ante nuestros hijos y que con ella se vaya la confianza, el respeto y la credibilidad que hemos pretendido mostrar como modelos dignos de imitar o como ejemplo de autoridad moral.

Estas reuniones son muy necesarias especialmente desde preescolar hasta grado 9 de educación básica pues se trata de grados en los que se abordan los temas más álgidos de la vida sexual. Además, tales reuniones representan una oportunidad que los padres deben aprovechar para que, por lo menos con su disposición y buena actitud, apoyen este proceso que, quiérase o no, es necesario abordar por el bien de los (las) niños (as), los adolescentes y por ende de las generaciones futuras.

---

3 Es una propuesta, pero sería ideal una alternativa más favorable programada para facilitar la asistencia de los padres y lograr la mayor concurrencia posible en horarios más convenientes para ellos.

El hecho de sugerir especial acompañamiento hasta el grado 9 no significa que los padres deban abandonar el proceso allí. Continuar hasta grado 11 es conveniente porque sus hijos, adolescentes todavía, siguen siendo sus protegidos y porque los padres recibirán elementos valiosos que les permitirá revisarse como tales y revisar incluso sus propias relaciones de pareja.

Procedimiento

Desde grado 0 hasta grado 3:
Desde preescolar hasta cuando el (la) niño (a) domine la lectura y la escritura, en el grado 3 aproximadamente, en forma posterior a la etapa de orientación del tema por parte del docente, se recomienda que sean los padres o sustitutos o cuidadores quienes lean y motiven una nueva reflexión por parte del niño (a) o estimulen, por medio de preguntas, la

narración de lo aprendido en la escuela. Una vez captada la atención y verificado el estado del aprendizaje, deben aclararle algún aspecto que se considere necesario. Finalmente, hacerle las preguntas propuestas en el taller y <u>trascribirle</u> las respuestas tal como el (la) niño (a) las comprendió y expresó, sin hacerle cuestionamientos que lo desmotiven e incomoden. Cuando por alguna razón los padres o sustitutos no puedan hacer este acompañamiento, se recomienda delegarlo en una persona de su entera confianza con quien también el (la) niño (a) se sienta a gusto. Lo esencial es: no dejarlos solos frente a este proceso, generarles confianza y permitirles que posteriormente se enfrenten a su propio nivel evolutivo en la medida en que sus cuerpos se desarrollan y sus percepciones e ideas maduran. En algunos ejercicios en los que las respuestas son específicas, el (la) profesor (a) debe estar especialmente atento (a) a que se consignen las respuestas correctas, a efectos de que los padres dispongan de una adecuada guía para sí mismos o para aclarar dudas a sus hijos en caso de ser necesario.

Desde grado 4 en adelante:

Superada la primera etapa de grado 0 a grado 3, según cada individualidad, acompañar a los hijos en las tareas hasta cuando los padres tengan plena confianza en la institución respecto del trabajo propuesto en los talleres o hasta cuando los (as) niños (as) lo soliciten o acepten, pues imponerles nuestra presencia a partir de que los niños hayan superado cierta edad, grado de madurez o independencia, es violatorio de su privacidad. Hay que permitir que el niño o niña comunique sólo lo que el grado de confianza que tiene en los padres le permita y continuar el acompañamiento al proceso desde la institución escolar pues este apoyo seguirá siendo crucial tanto para la institución, como para los estudiantes y para los padres de familia.

Vale la pena aclarar la idea final sobre la confianza que los padres de familia deben inspirarle a sus hijos, por tratarse de algo tan fundamental no solo como mecanismo de protección de estos últimos, sino también como apoyo a la concertación entre todos. A este respecto es primordial que los padres se apoyen en el numeral 1.2 del libro Orientación sexual desde el hogar y la escuela, sobre los valores del diálogo y el respeto como mecanismo para construir confianza y es muy prudente y conveniente que consideren también el grado de responsabilidad y respeto que demuestran como adultos porque con ello inciden significativamente en la formación de los hijos.

Evaluación

A menos que se legisle algo diferente, la evaluación como elemento de cotejo de la superación de los logros propuestos y de validación de las competencias a desarrollar como consecuencia de ello, debe ser permanente y no limitarse a pruebas escritas aunque también deba contenerlas. Toda acción que evidencie compromiso, responsabilidad y actitud positiva hacia la asignatura se constituye en elemento de evaluación. Esto incluye la presentación oportuna de trabajos de consulta, la participación en clase, el desarrollo de las propuestas del taller, la elaboración de carteles y carteleras, lo mismo que los cambios positivos en el comportamiento producto de la interiorización y vivencia de valores y contenidos, entre otros.

Simbolizar y/o representar por escrito el resultado de la evaluación o diagnóstico del nivel de logros alcanzados demostrables a través de competencias y traducirlo a una calificación expresada en números, letras o palabras, debe ser materia de discernimiento del consejo académico, quien decidirá también si una calificación insuficiente (I) en letras o su equivalente en número, es objeto o no de recuperación, nivelación o repetición de la asignatura o área. Repetir es lo deseable en caso tal para imprimirle importancia y seriedad a la asignatura. Queda aclarar que sin la asimilación de logros en las estructuras mentales no es posible el desarrollo de competencias o demostraciones visibles en la solución de problemas de la vida diaria, cuantificables a través de calificaciones o notas.

Observación:

Se pretende que los talleres de educación sexual, a diferencia de otros materiales educativos, se conviertan en objeto de reflexión permanente y personal que permitan la confrontación de ideas y posiciones según el grado de evolución - maduración de la niñez a la adultez. Por lo tanto, no están diseñados para ser reutilizables.

1. Mensajes a los estudiantes

1.1 Carta a los estudiantes

LOGRO 1. *Leo y comprendo el contenido de la carta a los estudiantes y realizo las actividades propuestas con la ayuda de mis padres o sustitutos y docente.*

Queridos niños, niñas y jóvenes estudiantes:

Ustedes son el presente y futuro de nuestro país. Son nuestro presente porque: sin ustedes, niños, niñas y jóvenes, la dura tarea por salir adelante y construir un mundo mejor perdería todo sentido para muchos seres humanos en el mundo. Por una vida más digna para ustedes es que han nacido las pequeñas y grandes empresas. Por ustedes, los obreros y campesinos venden su última gota diaria de sudor y le arrancan los frutos a la tierra. Son ustedes quienes a diario motivan la vida misma y encienden los ánimos que dan inicio a la tarea de muchos padres y madres de familia en procura de que no les falte alimento, vestido, vivienda, salud y educación aunque para muchos padres este sobrehumano esfuerzo no sea suficiente para proporcionarles todo lo que nace del corazón, o al menos lo que demanda el sentido común, o ni siquiera lo que exigen las mínimas condiciones de supervivencia.

Como motivadores del quehacer de sus padres y de todo lo que ello significa, están llamados a corresponder todo este esfuerzo, preparándose responsablemente para relevarnos a futuro en la tarea de construir una sociedad más incluyente, más equitativa, más justa, más cimentadora de valores y por tanto más respetuosa de los derechos humanos. Para no ser inferiores a la tarea de ser constructores de futuro, dado que de ustedes depende el futuro mismo, deben, cada uno en forma individual pero simultánea, emprender dos grandes tareas.

La primera gran tarea se refiere a tu período estudiantil y se trata de que comprendas y aceptes que asistes a una etapa de preparación, que es indispensable para poder enfrentar tu vida de adulto (a) con éxito, pero por sobre todo, con calidad humana. Ello implica que debes formarte o educarte integralmente, haciendo especial énfasis en el afianzamiento de valores como el respeto, la autoestima, el diálogo y la responsabilidad, garantes de otros valores y derechos, como aprender a respetarnos si todavía no hemos aprendido a dialogar. Sin embargo, para formarte en valores, es indispensable que ayudes a tus padres y profesores a cumplir con su difícil pero inherente tarea de formadores y en vista de ello, debes desarrollar dos actividades:

- La primera actividad, es estar muy atento (a) a todas las buenas acciones de padres y maestros y a todos sus buenos ejemplos, en procura de que los aprendas y los pongas en práctica: saludar, dar las gracias, compartir, cooperar, dialogar, tratar cordialmente a las personas, cumplir obligaciones y promesas, entre otros.
- La segunda actividad es valerte de un medio muy constructivo y eficaz para relacionarte con los adultos en los eventos difíciles y críticos con ellos. Cuando los comportamientos de tus padres y profesores lastimen tu amor propio o autoestima, o cuando hieran tu dignidad con gritos, palabras ofensivas u otros comportamientos inapropiados, que de hecho no debes imitar, haz lo siguiente: diles con ternura y con todo el respeto de que seas capaz, diles, repito, cuánto han lastimado tu autoestima, lo mal que te han hecho sentir y cuánto han herido tus sentimientos. Para ello debes valerte de escritos, de mensajes tiernos en donde además les comuniques que los valoras y amas, y que les agradeces las cosas buenas que hacen por ti.

Las dificultades por las que atraviesan los (las) niños (as) y los (las) jóvenes, son experiencias que muchos adultos hemos olvidado. Por tanto, en procura de construir una sociedad más humana en donde se formen y se vivan los valores, es pertinente que con ternura y respeto nos lo recuerden, como una especial invitación a la reflexión y al diálogo.

La segunda gran tarea, es que practiques en todo momento y en todo lugar, todos los valores que vayas aprendiendo. Un significativo número de personas en el mundo eligen organizar su vida en pareja, una vez han llegado a la edad adulta y han definido por lo menos en parte su situación económica.

Este espacio de convivencia, en donde con frecuencia hacen su entrada los hijos, es un espacio especial para practicar valores, como única forma que existe para aprenderlos e interiorizarlos. Si organizarte en pareja no llega ser tu caso, recuerda que en cada persona mayor, no necesariamente adulta, hay un maestro, porque siempre habrá un niño (a) u otro alguien presto a imitarlo; es decir, siempre habrá alguien que siga tu ejemplo.

De lo anterior se deduce que: enseñar o emplear constructivamente lo que aprendas sobre la base de los valores humanos, es lo que te hará un (a) futuro (a) constructor (a) de un mundo mejor.

Al presentarte la serie "Vida Sexual con Valores", pretendo que encuentres en ella, de manera progresiva y según tu grado de escolaridad, el verdadero sentido y alcance de tu vida sexual y los trascendentales valores y compromisos que ella encierra, para que apoyado (a) en la información, reflexiones y te prepares para vivirla plena pero responsablemente, seguro (a) de que de esta manera harás el más significativo aporte a la construcción de un mundo mejor. Espero desde el corazón que año tras año adquieras la serie, la revises periódicamente y confrontes tus respuestas, y que la cuides para que obtengas de ella el máximo provecho para ti y a favor de otros.

Actividad:

¿Qué significa que los niños, niñas y jóvenes motiven la vida misma?

Busca en las 4 alternativas siguientes la respuesta correcta, señala con una "X" y copia la respuesta.
- Que somos la razón para que nuestros padres se animen a trabajar
- Que sin nosotros los padres no vivirían
- Que nuestra existencia le da significado y sentido a la vida y al esfuerzo de nuestros padres
- Que despertamos a nuestros padres para que inicien su tarea diaria

Respuesta:
_____
_____
_____

Reconocimiento

Dibujo a mis papás haciendo sus labores diarias con el fin de facilitarme una vida mejor.

1.2 Mi quehacer como hijo, estudiante y ciudadano

LOGRO 2. *Leo, analizo y comento el mensaje sobre mi quehacer como hijo (a), estudiante y ciudadano (a)*

Mis logros académicos o mis triunfos personales carecerán de sentido si no practico estas diez mínimas normas de convivencia.

1.2.1. Cuido, respeto y protejo mi cuerpo.

1.2.2. Respeto el cuerpo, las diferencias, y las pertenencias ajenas.

1.2.3. Cuido y hago uso adecuado de mis pertenencias, las cuales recibo del afecto y del esfuerzo de mis padres.

1.2.4. Reconozco y valoro los bienes colectivos y hago uso adecuado de ellos.

1.2.5. Consumo con gratitud y racionalidad los alimentos que mis padres me proporcionan con esfuerzo y amor.

1.2.6. Aprovecho responsablemente la oportunidad de estudio que me brindan mis padres en aras del respeto a mi derecho fundamental a la educación.
1.2.7. Trato con respeto, amor y gratitud a mis padres y maestros.
1.2.8. Trato con respeto y consideración a todos los seres humanos en reconocimiento de su dignidad como personas.
1.2.9. Ayudo a la formación de mi responsabilidad cooperando al bienestar de mi hogar y cumpliendo mis tareas y demás compromisos.
1.2.10. Cuido, respeto y protejo la naturaleza como único bien que garantiza la supervivencia de la raza humana.

Autoevaluación

Reviso o evalúo mis logros en relación con mi quehacer como hijo, estudiante y ciudadano y los califico mediante una autoevaluación crítica y honesta, como D, I, A, B o E,[4] señalando con una "X" en la columna correspondiente según la forma, responsable o no, en que vengo practicando estas directrices. Antes de responder recuerdo o visualizo los momentos en los cuales los llevo a cabo.

Mi quehacer como hijo, estudiante y ciudadano	D	I	A	B	E
Cuido, respeto y protejo mi cuerpo					
Respeto el cuerpo, las diferencias y las pertenencias ajenas					
Cuido y hago uso adecuado de mis pertenencias, las cuales recibo del afecto y del esfuerzo de mis padres					
Reconozco y valoro los bienes colectivos y hago uso adecuado de ellos					
Consumo con gratitud y racionalidad los alimentos que mis padres me proporcionan con esfuerzo y amor					
Aprovecho responsablemente la oportunidad de estudio que me brindan mis padres en aras del respeto a mi derecho fundamental a la educación					
Trato con respeto, amor y gratitud a mis padres y maestros					

---

4   O su equivalente en el sistema de calificación que se emplea por el plantel educativo

Reconocimiento

Trato con respeto y consideración a todos los seres humanos en reconocimiento de su dignidad como personas					
Ayudo a la formación de mi responsabilidad cooperando al bienestar de mi hogar y cumpliendo mis tareas y demás compromisos					
Cuido, respeto y protejo la naturaleza como único bien que garantiza la supervivencia de la raza humana					

D: Deficiente, I: Insuficiente, A: Aceptable, B: Bueno, E: Excelente

2. Refuerzo taller nº 0

LOGRO 3. *Retroalimento los contenidos del taller grado 0 y confronto mis respuestas*

2.1. Leo los contenidos y mis respuestas relacionadas con mi origen, mi género y la importancia que tiene mi cuerpo para el cumplimiento de una misión.

Completo ideas:
Siguiendo la lectura "Mi origen divino" busco las palabras que completan la idea y las escribo en los espacios en blanco.

- "… y procedió Dios a crear al hombre a su imagen y semejanza; a imagen de Dios los creó, _____ y _____ los creó. Además les bendijo y les dijo:

  _____
  _____…"

- Muchos animales y muchas plantas fueron creados _____ y _____.
- La pareja, origen de la vida humana, está formada por un _____ y por una _____.
- Antes de que yo naciera, estaba en la mente y el corazón de: _____, como lo estuvo también la _____ que son mis _____.
- Yo soy de sexo _____, mi órgano sexual externo se llama: _____ y está formado por: _____ y _____.
- Mi mamá es de género femenino y mi padre de género: _____.
- El cuarto mandamiento dice: "_____ a _____ y _____."[5]
- La palabra honrar significa:

  _____
  _____
  _____
  _____

---

5   El cuarto de los diez mandamientos o conjunto de principios éticos y de adoración importantes en el judaísmo y el cristianismo. En el caso de otras religiones buscar si existe o no algún mandato equivalente y cómo se aplica.

Para cumplir el mandato o misión de: "Háganse muchos" es necesario: _____, _____, _____ y _____.

- Mi cumpleaños se celebra el día ____ del mes _____, porque ese día es la fecha de mi _____.

Asocio expresiones con ideas:
Coloco cada letra de la columna de la izquierda frente a la idea que complementa la expresión en la columna derecha.

a	Herencia divina	_____	Es la estructura física donde se conserva la vida y se mueve mi espíritu.
b	Cuerpo	_____	Conjunto de características físicas que nos clasifican como hombre o mujer.
c	Sexo	_____	Sensación agradable o desagradable que perdura en nuestro interior.
d	Misión	_____	Tarea específica que viene a cumplir cada ser humano.
e	Emoción	_____	Talentos y dones recibidos como inteligencia, voluntad y amor.
f	Sentimiento	_____	Grupo conformado por el padre, la madre y los hijos.
g	Extraños	_____	Hay familiares que no se la merecen y por lo tanto hay que estar atentos.
h	Confianza	_____	Alteración del estado de ánimo y del comportamiento por situaciones inesperadas.
i	Familia nuclear	_____	No prestarles atención, ni recibirles ningún tipo de obsequio.
j	Familia extensa	_____	Están localizados en la base del tronco, donde se unen las extremidades inferiores.
k	Hogar	_____	En él se encuentra la mente que nos permite pensar.
l	Órganos genitales	_____	Sitio o espacio donde habita una familia.
m	Cerebro	_____	Es el conjunto de personas formados por los abuelos, tíos, tías, primos y primas.

2.2. Leo, comento y dramatizo las estrofas que hacen alusión al cuidado que debo tener con mi cuerpo.

Asocio dibujos con mensajes:
Observo el dibujo, ubico el mensaje y lo escribo al costado.

_____
_____
_____
_____
_____

Rocío Cartagena Garcés

_____
_____
_____
_____
_____

Reconocimiento

_____
_____
_____
_____
_____

Rocío Cartagena Garcés

_____
_____
_____
_____
_____

Reconocimiento

_____
_____
_____
_____
_____

_____
_____
_____
_____
_____

2.3. Leo los contenidos y mis respuestas alusivas o relacionadas a la conformación de parejas, a la familia y a mi nacimiento. Hago preguntas cuando tenga dudas e inquietudes.

Diferencio lo verdadero de lo falso:
Escribo sobre la raya V o F, según que las siguientes ideas sean verdaderas o falsas.
- Enamorarse es sentirse atraído por el cuerpo y los comportamientos de la otra persona. ____
- Si yo me enamoro de alguien esa persona debe enamorarse de mí. ____
- Las parejas se enamoran cuando hay empatía o correspondencia mutua. ____
- En los matrimonios civil y religioso los novios hacen juramento de ayudarse, respetarse y acompañarse. ____

- La unión libre se ha vuelto frecuente porque el matrimonio ha tenido mucho éxito. ___
- Una pareja es lo mismo que una familia. ___
- Cuando las parejas tienen problemas, los hijos se dan cuenta y sufren. ___
- El auténtico amor de pareja nace cuando una sola persona se enamora. ___
- El amor carece de formas visibles de expresión. ___
- Cuando las parejas demuestran su amor, se siente mayor armonía. ___
- El hombre y la mujer deben ponerse de acuerdo para que se encuentren las semillas que dan la vida. ___

Busco la palabra correcta:
Escribo en el espacio disponible la palabra correcta que completa la idea.
- Según los primeros dibujos de *una historia de amor y de valor* y la lectura del primer párrafo del logro 11, los potenciales padres deben ponerse de _____ para que se encuentren las semillas de la vida.
- De acuerdo con la primera lectura, la semilla femenina de la _____ se llama óvulo, y la semilla _____ de la vida se llama espermatozoide.
- En el mismo sentido, uno de los acontecimientos de la vida humana uterina es desarrollar todas sus _____.
- En el mismo orden de ideas, cada ser humano es único e _____.
- Las experiencias agradables o desagradables que vive la madre durante la etapa de gestación, las _____ el bebé también.
- El sendero o conducto llamado _____ une el útero con la vulva.

- Los seres humanos somos _____ de luz inteligentes, amorosos y creadores viviendo en un cuerpo.
- Es deber de los padres presentar al recién nacido ante _____ para registrar su nacimiento.
- El registro civil es el _____ oficial y público que nuestros padres hacen de habernos traído a la vida.

2.4. Observo y comento, con un compañero, los cambios que presenta el cuerpo de las madres durante el periodo de gestación y la forma como se va formando y desarrollando el bebé dentro del vientre materno.

Elijo la respuesta correcta:
Coloco una "x" sobre el guión de cada idea correcta, según la palabra guía.
Familia
__ Personas allegadas a la casa
__ Personas con quienes compartimos la herencia genética
Persona
__ Individuo o ser social y por lo tanto sujeto de deberes y derechos
__ Sujeto con derechos pero no con deberes
Valores
__ Se aprenden del ejemplo de los padres y de otras personas significativas
__ Carecen de importancia dentro de la sociedad
Diálogo
__ Ayuda a buscar soluciones pacíficas
__ No es esencial para la buena convivencia
Respeto
__ Lo gano respetando a los demás
__ No se aprende del ejemplo que recibimos

Responsabilidad
___ Es un valor poco necesario
___ Es cumplir mis promesas, tareas y pactos
Autoestima
___ Es el amor de mis padres por mí
___ Nace del respeto por las diferencias y del diálogo
Tolerancia
___ Reconocimiento y respeto por las diferencias
___ Es lo mismo que paciencia
Derecho
___ Compromisos que tienen otras personas conmigo
___ Privilegio que tienen solo algunas personas
Deber
___ Compromisos que tenemos con nosotros mismos y con los demás
___ Es algo en lo que no tengo nada que ver

2.5. Refiero a mis amigos la forma como mis padres me enseñan valores y cuáles he aprendido. También les comento cuáles son los deberes y derechos que reconocemos y practicamos en familia y escribo uno de cada uno.

Derecho: _____
_____
_____
_____

Deber: _____
_____
_____
_____

2.6. Recordamos en grupo, o consultamos, cuáles son las cualidades de los buenos amigos y las escribo _____
_____
_____

Con la ayuda de mis padres y mi profesor (a), recuerdo en qué soy igual a los demás y en qué soy diferente a ellos.

Soy igual en:

_____
_____
_____
_____
_____

Soy diferente en:

_____
_____
_____
_____
_____

2.7. Socializamos nuestras experiencias y dudas acerca de los temas tratados.

3. Me reconozco en el otro

3.1 Soy único e irrepetible

LOGRO 4. *Deduzco mi singularidad y la de los otros, en consideración a la raza, género, pensamientos, sensaciones, sentimientos, emociones y preferencias o gustos*

La diversidad de razas, determinadas por las diferentes condiciones climáticas del planeta y demás condiciones ambientales de los continentes de donde son originarias, la posterior movilidad de los diversos asentamientos primitivos motivada por las guerras, las catástrofes naturales, la escasez de recursos y el expansionismo humano, han provocado inmensidad de mezclas raciales propiciadas por los diferentes gustos de los seres humanos para elegir pareja. Esto ha garantizado para cada uno de nosotros unas características físicas y mentales jamás idénticas, sustentadas en un caudal genético sin igual para cada ser humano. Por lo tanto no hay nadie en el mundo, ni siquiera dentro de una misma familia, con idénticas características a las mías. Ello me permite decir con plena certeza que:

¡Soy único e irrepetible! porque jamás ha nacido, ni nacerá, alguien idéntico a mí.

Mi nombre según mi registro civil es:
_____
_____

Mi madre se llama:
_____

Mi padre se llama:
_____
_____

Vivo en la comunidad de:
_____

Mi comunidad pertenece al Departamento, Estado, o Provincia de:
_____
_____

Mi hermoso país se llama: _____
_____

Las razas o etnias que tienen representación en mi país son:
_____
_____
_____

Pego mi foto de cuerpo entero, la observo y selecciono con una "x" la opción que corresponde a mis características personales.

Mi cuerpo es:

☐ Delgado	☐ Grueso
☐ Alto	☐ Bajo
☐ Normal para mi edad	

Tengo:

☐ Menos de 6 años	☐ 6 años
☐ 7 años	☐ 8 años
☐ Más de 8 años	

Mi cabello es:

☐ Lacio	☐ Ondulado
☐ Crespo	☐ Muy crespo

El color de mi cabello es:

☐ Negro	☐ Castaño oscuro
☐ Castaño claro	☐ Rubio
☐ Rojizo	☐ Otro _____

Prefiero llevar mi cabello:

☐ Largo	☐ Término medio	☐ Corto

Mis ojos son:

☐ Grandes	☐ Medianos
☐ Pequeños	☐ Rasgados
☐ Negros	☐ Cafés oscuros
☐ Cafés claros	☐ Verdes
☐ Azules	☐ Miel

El color de mi piel es: _____

Mi peso es: _____

Mi estatura es: _____

Según mi color y rasgos físicos más sobresalientes, pertenezco a la raza _____

Escribo algo que consulto o conozco acerca de mi raza o etnia.

_____
_____
_____
_____
_____
_____
_____
_____

Coloco mi huella dactilar y la comparo con la de algunos de mis compañeros.

[ ]

¿Sabías que no existen dos huellas dactilares iguales? _____
Hay _____ compañeros que se parecen a mí físicamente en:
_____
_____
_____

Pero somos diferentes en:
_____
_____
_____

Nadie eligió o pidió ser como es, pero sí es nuestra elección cuidarnos, protegernos y respetarnos.

Cada ser humano es único y por tanto diferente de los demás.

Debemos entender y respetar las diferencias

Escribe este mensaje en un cartel, preséntalo a tu docente y fíjalo luego en algún lugar visible de tu casa.

3.2 Así es mi personalidad

La personalidad o conjunto de maneras de comportarnos y de expresar lo que sentimos está determinada por varios elementos:

- Un componente genético, determinado en el momento de la concepción o momento en que se fusionan o integran el óvulo y el espermatozoide, de modo que algunos de nuestros comportamientos son heredados de nuestros padres.
- Los aprendizajes derivados del ejemplo de los padres. De ellos, por ejemplo, aprendemos cómo comportarnos con nuestra futura pareja cuando sea el caso y cómo comportarnos con nuestros hijos si llegamos a tenerlos. También aprendemos de ellos cómo comportarnos en sociedad. Estos buenos ejemplos se interiorizan como valores.

- Los aprendizajes del medio ambiente en el que vivimos, a partir de las costumbres de la comunidad o sociedad a la que pertenecemos, y con ella el tipo de calidad de educación que recibimos tanto en la institución escolar como en la sociedad, que lamentablemente y con mucha frecuencia incluyen represión, agresión, castigo y abusos de diversa índole.

Las anteriores condiciones propician los diferentes modos de pensar, de sentir y de expresar los sentimientos, gustos, preferencias, o necesidades al momento de interactuar con otros individuos. A excepción de los comportamientos heredados, todos los demás que son aprendidos pueden ser valorados y modificados a partir de una sana reflexión que nos induzca a modificar las costumbres o a cambiarnos a un ambiente (entorno) que nos permita aprender nuevos y buenos modales.

Los rasgos más evidentes de la personalidad los encontramos en las personas introvertidas y extrovertidas.

Pregúntales a tus padres si te consideran introvertido (tímido) o extrovertido (sociable) y por qué.

_____
_____
_____
_____
_____
_____
_____
_____
_____

Recuerda algunos episodios "dolorosos" vividos en la familia, en la escuela o colegio, y en la sociedad, que hayan afectado tus sentimientos y por lo tanto la manera de comportarte. Exprésalos a una persona de confianza solo si es tu deseo hacerlo.

Escribe con la ayuda de tus padres, o docente, por cuál motivo o meta te gustaría trabajar hasta lograrlo y compara tu respuesta con alguno (s) de tus compañeros. Recuerda que somos diferentes y por lo tanto anhelamos diferentes cosas.

_____
_____
_____
_____
_____
_____
_____
_____
_____

Haz memoria acerca de tu pasado y escribe sobre algo que hayas perdido, muy valioso para ti.
_____
_____
_____
_____
_____
_____
_____
_____

¿Qué piensas y sientes cuando recuerdas esa pérdida?
_____
_____
_____
_____
_____
_____
_____
_____

¿Cómo manifiestas ese sentimiento?
_____
_____
_____
_____
_____

¿Crees que alguien en tu lugar sentiría exactamente lo mismo que tú? _____
¿Por qué?
_____
_____
_____

_____
_____
_____
_____

¿Cómo expresas tus alegrías?

_____
_____
_____
_____

Imagina que un grupo de amigos salta de felicidad por algún acontecimiento. ¿Crees que todos sienten alegría con la misma intensidad? _____
¿Por qué?

_____
_____
_____
_____

Señala con una "x" la (s) opción (es) que expresan alguna (s) de tus características personales.
Yo soy:

☐ Amable	☐ Apático (a)
☐ Calmado (a)	☐ Ofuscado (a)
☐ Serio (a)	☐ Risueño (a)
☐ Colaborador (a)	☐ Indiferente
☐ Atento (a)	☐ Desatento (a)
☐ Cariñoso (a)	☐ Detallista
☐ Observador (a)	☐ Desprevenido (a)
☐ Respetuoso (a)	☐ Tranquilo (a)
☐ Inquieto (a)	☐ Sociable
Otras: _____	

Haz una lista de las actividades que prefieres realizar, bien sea del colegio o de la casa, o de ambos, y compárala con algunos compañeros de grupo.

_____
_____
_____
_____
_____

¿Has visto a dos personas comportase exactamente igual?
____
Entonces mi personalidad también es: ¡_____!

Lo que me gusta hacer, nada tiene que ver con lo que poseo ni con mi sexo o género, pero sí tiene relación con las habilidades que logre desarrollar.

3.3 Las diferencias me hacen singular o único

LOGRO 5. *Identifico las diferencias como parte de la individualidad o singularidad humana y procuro el respeto por las mismas*

¿Recuerdas por qué somos diferentes? (Ver último logro del taller grado 0 y trascribir)

_____
_____
_____
_____
_____
_____
_____
_____

Somos diferentes por:
- Nuestra herencia genética, que es diferente para cada ser humano.

- Nuestros rasgos de personalidad, que tienen un componente heredado, un componente que depende de la forma como nos relacionamos con nuestros padres y del papel de ellos como pareja, más otro componente asociado a las creencias y costumbres del lugar donde vivimos.
- La situación socio-económica que incide en la calidad de vida y de los aprendizajes y experiencias que influyen en nuestra personalidad.
- Nuestra forma de pensar, creencias y costumbres que determinan nuestras preferencias o gustos.
- Nuestro género.

Como consecuencia de lo anterior debemos entender que ninguno de nosotros es responsable por sus diferencias, toda vez que no elegimos a nuestros padres ni lo que heredamos y aprendemos de ellos. Tampoco somos responsables de nuestra situación socio-económica ni del lugar para nacer ni de nuestro sexo o género, dado que no los elegimos.

Identificar la causa de nuestras diferencias permite entender por qué somos singulares, especiales y únicos, al tiempo que posibilita descubrir por qué debemos reconocer y respetar las diferencias o la singularidad de las demás personas.

¡Soy único porque soy diferente!
Valoro la diferencia
Respeto la diferencia

Cuando respeto a otros me respeto a mí mismo, porque cuido mi imagen y mi buen nombre.

Mi respeto por el otro es un indicativo de mi autoestima.

Elijo uno de los anteriores mensajes, lo transcribo en un cartel y lo fijo en un lugar visible de mi casa, luego de hacerlo revisar por mi docente.

3.4 Reconozco la igualdad en la diferencia

LOGRO 6. *Asimilo que soy igual pero diferente a mis amigos, con quienes comparto mis experiencias y el sentido de la amistad*

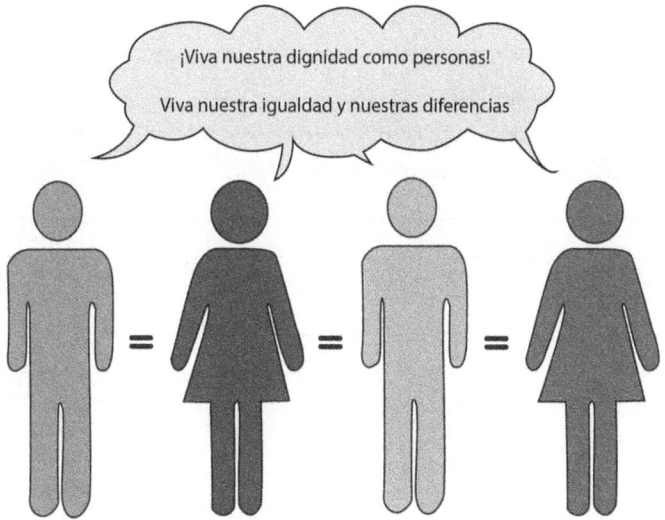

¿Por qué somos iguales?
Somos iguales porque:
- Todos nacemos de una pareja humana formada por un hombre y una mujer que nos concibieron en el acto amoroso en que unieron sus cuerpos para permitir la unión de las semillas que le dan origen a la vida.

- Todos procedemos de la inteligencia y voluntad de un Ser Superior que nos creó a su imagen y semejanza, como lo vimos en el texto bíblico citado en el taller grado 0.[6]
- Todos compartimos la dignidad de ser personas al poseer un espíritu inteligente, amoroso y capaz de decidir su propio destino.
- Todos tenemos la misma estructura corporal con igual número de huesos, órganos, tejidos, venas, etc., todo con la misma funcionalidad.
- Todos tenemos una misión que cumplir, lo cual le da valor a nuestro cuerpo y sentido a nuestra existencia.
- Todos tenemos un destino final: abandonar nuestro cuerpo terrenal para liberar nuestro espíritu y trascender a través de la muerte.

Mis amigos y yo, al ser diferentes, podemos complementarnos cuando trabajamos en equipo.

Escribe algunas experiencias escolares en donde las diferencias entre amigos ayudaron a resolver dificultades.

_____
_____
_____
_____
_____
_____
_____
_____
_____

Con la ayuda de tus padres y docente, escribe por qué son buenas las diferencias entre las personas.

_____
_____

[6] Se citó la Biblia a modo de ejemplo, pero todas las tradiciones religiosas hablan de un Ser Superior del cual procedemos.

Reconocimiento

_____
_____
_____
_____
_____
_____

¿Por qué un hombre y una mujer tratan de complementarse buscando pareja?

_____
_____
_____
_____

Según el taller grado 0, ¿cuándo estamos aptos para buscar pareja, complementarnos y cumplir la misión de ser "fructíferos o fecundos"?

_____
_____
_____
_____

¿Qué exige madurar y ser responsable?

_____
_____
_____
_____
_____
_____
_____

Nacimos para entendernos en las igualdades y complementarnos en las: _____

Los niños, niñas y adolescentes no son maduros ni responsables para:

_____
_____
_____
_____
_____

***Los niños, niñas y adolescentes, tenemos la misión de formarnos integralmente para ser adultos responsables.*ైl*

3.5 Mi cuerpo es perfecto

LOGRO 7. *Descubro lo que me gusta de mi cuerpo e identifico las habilidades y destrezas que puedo desarrollar a través de él*

Mi cuerpo es el vehículo, casa o apariencia física, en el que se extendió el espíritu de Dios para nacer en la Tierra, en cumplimiento de una misión. Estructuralmente, está formado por esqueleto, músculos, sistema circulatorio, sistema digestivo, sistema respiratorio, sistema nervioso y diversos órganos. Si el Espíritu de Dios *amoroso y dotado de poder* le dio vida a mi cuerpo, es porque este es útil y perfecto para su propósito.

Recuerda la frase especial de tu grado 0 o de transición:
Yo _____
_____,

soy un espíritu de luz inteligente, amoroso y creador, viviendo en un cuerpo.

Mi espíritu que heredé o recibí de _____ le aporta vida, conciencia, amor y poder a mi cuerpo para realizar sus metas.

¿Qué le agregarías a tu cuerpo?

_____
_____
_____

¿Qué es lo que más te gusta de tu cuerpo?

_____
_____
_____

¿Qué es lo que más te llama la atención del cuerpo del sexo opuesto?

_____
_____
_____

¿Cuál crees que es la labor que más te gusta realizar y que tu cuerpo debe ayudarte a cumplir?

_____
_____
_____
_____
_____

Si comparas tu respuesta con tus compañeros descubrirás muchas cosas especiales que tu cuerpo puede ayudarte a realizar.

Apoyado en las respuestas de tus compañeros, escribe otras cosas que descubriste que te gustaría hacer.

_____
_____
_____
_____

Lo que deseas lograr, exige constancia y preparación y puede conducirte a descubrir tu misión.

¿Qué talentos o habilidades posees o puedes desarrollar para lograr cumplir tu misión?

_____
_____
_____
_____

¿Qué valores has interiorizado que te ayuden a hacer más fácil tu misión, como espíritu inteligente, amoroso y creador que eres?

_____
_____
_____
_____
_____

Tus creaciones son tus pensamientos, palabras, y acciones u obras que se deriven de estas. Vigila por lo tanto lo que piensas y dices. Así serás más consciente de cómo concluirá tu obra.

3.6 Los niños y niñas seremos adultos

LOGRO 8. *Me reconozco y reconozco a los demás niños y niñas en la pareja que son mis padres y en otros adultos. Yo sé que seremos como ellos*

Desde nuestro nacimiento, cada día de vida que superamos es un paso más que nos acerca a ser como los adultos y, de una manera especial, a ser como nuestros padres, porque de ellos recibimos nuestra herencia genética y los primeros y más significativos ejemplos.

Si posees fotos de cuando eras bebé y de tus cumpleaños posteriores, podrás observar que tu cuerpo se ha ido transformando y continuará haciéndolo sin que lo notes, hasta lograr convertirte en una persona adulta.

Busca en la columna derecha la frase que complementa cada expresión de la columna izquierda y colócale el número correspondiente.

1. Las niñas imitan más a	__ Muchos comportamientos
2. Del ejemplo aprendemos	__ Para la vida adulta
3. La niñez es una etapa de preparación	__ Papá
4. Nos parecemos a nuestros padres	__ Mamá
5. Los niños imitan más a	__ Porque de ellos recibimos la herencia genética

Quiero parecerme a mi papá en:

☐ Su estatura	☐ Su pelo
☐ Sus ojos	☐ Lo cariñoso
☐ Lo detallista	☐ Nada
☐ Lo fuerte	☐ Otro: _____

Quiero parecerme a mi madre en:

☐ Su estatura	☐ Su pelo
☐ Sus ojos	☐ Lo tierna
☐ Lo femenina	☐ Nada
☐ Lo sencilla	☐ Otro: _____

Los comportamientos que me gustan de mi padre son:

_____
_____
_____

Los comportamientos que me gustan de mi madre son:

_____
_____
_____

Los comportamientos que me disgustan de los adultos son:

_____
_____
_____
_____

Cuando sea adulto (a), yo:

_____
_____
_____
_____

Ser adultos es ser responsables de sí mismos.

Cada etapa de la vida es pasajera y por lo tanto la juventud y la belleza física también.

3.7 Los roles de los miembros de una pareja son igualmente necesarios y dignos

LOGRO 9. *Identifico los roles que desempeña cada miembro de una pareja y ambos me parecen dignos, necesarios e importantes*

La decisión y misión de complementarnos como pareja conlleva el significado de que tenemos iguales derechos y el compromiso común de compartir responsabilidades, tanto económicas como del hogar, y con los hijos si los hubiere.

Los roles son funciones, papeles o tareas, que debemos asumir o desempeñar como individuos, como parte de una relación de pareja, de una familia o como miembros de un grupo dentro de la sociedad.

Ejemplo: un niño (a) entre 5 y 15 años aproximadamente, debe cumplir la tarea de estudiar, es decir, desempeñar o cumplir el rol de estudiante, también el de hijo y quizá de hermano; así mismo, entre adultos hay quien cumpla el rol de conductor, de padre o madre, de maestro, entre otros.

Escribe los nombres de familiares o conocidos y escribe al frente el rol que desempeñan dentro de la familia.

NOMBRE	ROL O ROLES

Busca en una revista, una lámina o dibujo que represente el rol que quieras desempeñar cuando seas adulto (a).

¿Qué estudios requieres realizar para prepararte para desempeñar el rol que elegiste?

_____
_____

¿Qué valores y talentos debes practicar y poseer o desarrollar?

_____
_____

¿Qué servicio le prestarías a la humanidad desempeñándote en el rol que deseas?

_____
_____
_____
_____

¿Qué rol desempeñan los miembros de una pareja?

Los roles, referidos a la vida en pareja y por tanto relacionados con el sexo o género, son:

- El que asume cada miembro de la pareja, ya sea como hombre o como mujer, en función de <u>compartir y complementar al otro</u>. Por lo tanto es común ver entre ellos: abrazos, besos, caminatas tomados de la mano, compartir actividades, sueños y proyectos comunes, entre otros.
- El rol que cada miembro de la pareja asume en la misión de la procreación de los hijos.

Para este caso, la mujer asume el rol de madre, al ser la portadora de los óvulos fecundables e indispensables para concebir la vida humana y poseer dentro de su vientre el útero que contiene las condiciones favorables para el inicio, la conservación y desarrollo de la vida. El hombre, a su vez, asume el papel o rol de padre, al ser portador de los espermatozoides o semillas fecundantes del óvulo, sin los cuales es imposible concebir la vida humana.

En otras palabras: sin la mujer y su rol de madre al portar los óvulos y su vientre, no hay vida humana; y sin el hombre y su rol de padre al aportar los espermatozoides, tampoco hay vida humana.

¿Cuál es el rol o papel del hombre dentro de la vida en pareja?
_____
_____
_____
_____

¿Cuál es el rol o papel de la mujer dentro de la vida en pareja?
_____
_____
_____
_____

Escribe el significado de la palabra complementar:
_____
_____
_____

Cuando una pareja procrea o concibe hijos, la mujer asume el rol de _____ y el hombre asume el rol de _____

¿Cuál de los dos roles es necesario para concebir la vida humana?
_____
_____
_____

¿Cuál crees que debe ser el rol o tarea del padre durante los 9 meses que dura el periodo de gestación de su bebé?
_____
_____
_____
_____

_____
_____
_____
_____
_____
_____
_____
_____
_____

¿Cuál es tu rol respecto a tus padres?

_____
_____
_____
_____
_____

Mi rol o papel como hombre o como mujer, es igualmente digno y necesario en la tarea o misión de concebir la vida.

3.8 Hay papás y mamás adoptivos

Por razones biológicas, hay parejas que no pueden concebir hijos aunque los deseen. Hay otras que optan por no concebirlos y otras que prefieren recibir y adoptar otros pequeños que carecen de padres cuando, por situaciones sociales, económicas y hasta políticas, como violencia, desplazamientos, etc., no existen los padres biológicos o, en caso de existir, no están en condiciones de hacerse cargo de sus hijos.

Cuando esto sucede, intervienen instituciones del Estado que toman en custodia a los menores de edad desprotegidos y luego de algunas valoraciones pertinentes, los asigna a familias que desean recibirlos en forma temporal o definitiva, según el caso, y bajo la forma legal de la adopción.

Cuando tiene lugar la adopción, los padres no biológicos asumen el rol o papel de padres adoptivos.

Cuestionario:
1. Dialoga con los compañeros (as) sobre cuándo los papás biológicos no están en condiciones de hacerse cargo de los hijos.

_____
_____
_____
_____
_____
_____
_____

2. ¿Te parece bien que a los niños que perdieron a sus padres, les busquen otros?

Sí ____ No ____ ¿Por qué?

_____
_____
_____
_____
_____
_____

Los padres adoptivos asumen ante el Estado y la ley el compromiso de proteger, educar y amar a sus hijos adoptivos como si fueran sus hijos biológicos.

3. Consulta y escribe el nombre de la institución del Estado encargada de velar por el bienestar de los menores de edad desprotegidos.

_____
_____

4. ¿Tienes algún conocido que sea hijo (a) adoptivo (a)?

_____
_____

5. Si eres hijo adoptivo, escribe algo sobre esa experiencia. Si no lo eres, consulta al respecto.

_____
_____
_____
_____
_____
_____
_____
_____
_____

6. ¿Existe algún programa en televisión o entidad del Estado que proteja o busque los padres de familia de niños y niñas extraviados? Sí ____ No ____. En caso afirmativo, escribe el nombre de dicho programa:

_____

¿Qué institución lo presenta? _____

_____

Los padres adoptivos son verdaderos papás ante la ley y los hijos adoptivos tienen los mismos derechos que los hijos biológicos

3.9 Los niños y las niñas imitamos los roles y comportamientos de nuestros padres y de otros adultos significativos

Los Niños Imitamos

Yo juego a ser papa (niño),
yo juego a ser mamá (niña),
y sus comportamientos,
habremos de imitar.

Si papás pelean,
a mi gran pesar,
en todos mis juegos
habré de pelear.

Reconocimiento

Si papás regañan,
y me gritan mucho,
gritos y regaños
yo daré por gusto.

Si papás se miman,
se abrazan, se besan,
yo aprendo ternura
y mil cosas bellas.

Reconocimiento

Yo soy enfermera,
yo soy conductor,
el rol del adulto
vive en mi interior.

Si quieres saber
cómo es mi hogar,
observa mis juegos
y así lo sabrás.

Reconocimiento

Lo que en casa aprendo,
yo lo haré de adulto,
si papás lo saben,
¡morirán del susto!

Busca en la columna de la derecha, la idea que mejor complementa la frase de la columna izquierda y únelas con una raya.

Los niños y las niñas imitan	La persona que admiro
Las niñas imitan	Los comportamientos de personas que admiran
Los niños imitan más	Los comportamientos de las mamás
Yo he jugado a ser	Los comportamientos de los papás

Los comportamientos que yo admiro de mi padre, son:
_____
_____
_____
_____
_____
_____
_____
_____
_____

Los comportamientos que yo admiro de mi madre, son:
_____
_____
_____
_____
_____
_____
_____
_____
_____

Cuando yo sea grande me gustaría parecerme a:
_____
_____
_____
_____

Porque:
_____
_____
_____
_____
_____
_____
_____

Qué harías en este momento si fueras:
Mamá:
_____
_____
_____
_____

Papá:
_____
_____
_____
_____

Profesor:
_____
_____
_____
_____

Policía:
_____
_____
_____
_____

Futbolista:
_____
_____
_____
_____
_____

Médico:
_____
_____
_____
_____

Bombero:
_____
_____
_____
_____
_____

Escribe el rol o tarea que te gustaría desempeñar si fueras adulto:
_____
_____
_____
_____

Lo que los adultos hacen consciente o inconscientemente, se convierte en el ejemplo direcciona nuestro comportamiento.

Escribo la frase anterior en un cartel y lo coloco en la casa o el colegio según donde lo crea más necesario.

3.10 Aportar al bienestar del hogar es valioso

LOGRO 10. *Deduzco que cada tipo de trabajo u oficio desempeñado dentro o fuera del hogar por cada miembro que esté en condiciones de hacerlo, es un aporte o contribución al bienestar de la familia y acepto que los hijos también debemos colaborar para aprender responsabilidad y para sentirnos útiles y solidarios*

Todos cooperando

Hay voces generalizadas que dicen: "El trabajo del hogar es de todos los miembros de la familia, más aún si la mujer es proveedora económica del hogar o lo hace en parte". Si esto no se cumple, estaríamos asistiendo en plena modernidad a una forma de esclavitud.

Cuando los ingresos económicos de un solo miembro de la familia no alcanzan para sostenerla, como es el caso de la mayoría de los hogares del país, se ha hecho cada vez más necesario que la mujer se vincule a la vida laboral extra hogar, que el hombre apoye y participe en las tareas de la casa, y que los hijos también colaboren, no solo para formarlos en voluntad y en responsabilidad sino también para que aprendan cooperación y solidaridad.

Escribe los nombres de los miembros de tu familia y al frente de cada uno de ellos, el trabajo u oficio que realiza.

NOMBRE	TRABAJO
_____	_____
_____	_____
_____	_____
_____	_____
_____	_____
_____	_____

¿Cuál de los trabajos citados son tareas del hogar?
_____
_____
_____

¿Qué tareas cumples tú, en apoyo al bienestar de tu familia y de ti mismo? (Selecciona con una "x" las tareas que realizas):

☐ Recojo mis juguetes	☐ Dejo limpio mi sitio de estudio
☐ Doblo y guardo mi ropa	☐ Arreglo mi habitación
☐ Tiendo mi cama	☐ Recojo y lavo trastos
☐ Lavo mi ropa interior	☐ Ayudo en el aseo de la casa
☐ Limpio y brillo mis zapatos	☐ Otro

¿Cuál?
_____
_____
_____
_____

Si no tienes una tarea asignada, elígela y realízala todos los días. Te hará sentir útil y solidario (a) con quienes realizan las tareas del hogar, no importa si hay una persona especialmente encargada de hacerlo, pues ella también merece ayuda.

Comparte tus respuestas con dos compañeros para que conozcas sus experiencias.

Según tu modo de pensar, escribe alguna tarea u oficio que deban hacerla únicamente los hombres.

_____
_____
_____

Escribe un oficio o tarea que crees que le corresponda hacerla únicamente a las mujeres.

_____
_____
_____

Comparte tus respuestas y está atento (a) para que expreses tu opinión respecto de tales creencias.

El trabajo honrado es una forma digna de conseguir lo que necesitamos. Los niños en edad escolar no deben trabajar para ayudar a sostener la familia. Su primordial deber es estudiar.

Soy útil y solidario

Sentirse útil significa estar capacitado y dispuesto para hacer algo en beneficio de otros o de nosotros mismos. Para entender esto, debo reflexionar acerca de lo que otros a diario hacen por mí.

Inicio mi reflexión
- ¿Qué hace mi padre por mí?

_____
_____
_____
_____
_____
_____

- ¿Qué hace mi madre por mí?
  _____
  _____
  _____
  _____
  _____

- ¿Qué hacen mis hermanos y/o amigos por mí?
  _____
  _____
  _____
  _____

- Piensa en otras personas que están haciendo algo por ti y escribe su nombre y su aporte.
  _____
  _____
  _____

- ¿Recuerdas que los deberes y los derechos se parecen a dar y recibir?
  Sí ____ No ____ ¿Por qué?
  _____
  _____
  _____
  _____
  _____

- Escribe lo que harás en beneficio de tu padre:
  _____
  _____
  _____
  _____
  _____

- Escribe lo que harás en beneficio de tu madre:
  _____
  _____
  _____
  _____

- Escribe lo que harás en beneficio de tus hermanos y/o amigos.
  _____
  _____
  _____
  _____

- Escribe también lo que harás por esas otras personas que han hecho algo por ti.
  _____
  _____
  _____

Cada persona que hace algo por ti, merece que tú hagas algo por ella.

Soy solidario (a) cuando me pongo en la situación del otro (a) y le brindo mi apoyo.

- Si alguien tiene un dolor, yo acudo en busca de un:
  _____

- Si una anciana tiene dificultad para cruzar la calle, yo:
  _____

- Si mi mamá atiende varias cosas a la vez, yo:
  _____

- Si un compañero tiene problemas con su tarea, yo:
  _____

- Recuerda alguna circunstancia en la que alguien haya sido solidario contigo y escríbelo.

_____
_____
_____
_____
_____

- ¿Cómo correspondiste o debes corresponder a esa persona por su acto solidario?

_____
_____
_____
_____

Aunque las personas solidarias no esperan nada de nosotros, por gratitud debemos procurar hacer algo por ellas.

Hay solo una tarea que únicamente la puede realizar un hombre:

_____
_____
_____

Hay solo una tarea que únicamente la puede realizar una mujer:

_____
_____
_____

No existen labores o profesiones predeterminadas para hombres o para mujeres. Estas deben realizarse según el gusto, el interés, las destrezas y las habilidades, independientemente del género.

Entre las parejas y la familia se debe practicar la solidaridad.

3.11 Mi familia y cada familia es diferente y única

LOGRO 11. *Percibo que mi familia y cada familia es diferente y única*

La familia está formada por las personas que más queremos, las debemos respetar y debemos ayudarnos mutuamente. Tenemos dos familias: la nuclear y la extensa.

La familia nuclear: está compuesta por el padre, la madre y los hijos. La familia extensa: incluye los abuelos, los tíos y los primos.

La casa donde vive una familia se llama hogar, luego hay casas que no son hogares. Hay también familias que no tienen sus miembros completos pero si se aman, se respetan y se colaboran, pueden ser muy felices y llevar una vida armoniosa.

El domingo es el día de la familia porque es el día de la semana que no exige compromisos laborales, ni estudiantiles y por tanto se puede aprovechar para compartir en actividades recreativas, sociales y culturales.

En la familia hay diversidad de formas de ser y de pensar. Por eso es necesario el diálogo y el R_____.

Comunica tu punto de vista, pero escucha y respeta el punto de vista de los demás hasta ponerse de acuerdo.

Las personas que conforman mi familia nuclear son:

NOMBRES	SEXO O GÉNERO	PARENTESCO
_____	_____	_____
_____	_____	_____
_____	_____	_____
_____	_____	_____
_____	_____	_____
_____	_____	_____
_____	_____	_____

La práctica del respeto en la familia es necesaria para:

_____
_____
_____
_____
_____

Ayudar o colaborar en los quehaceres del hogar es necesario porque:

_____
_____
_____
_____
_____

En mi familia extensa tengo _____ abuelitos, _____ abuelitas; _____ tíos y _____ tías, _____ primos y ___ primas. Entre todos mis tíos y tías tengo _____ de género masculino. Y entre todos mis primos y primas tengo ___ de sexo femenino.

Vivir en familia requiere de:
D_____,
R_____ y
C_____

Compara tus respuestas con compañeros y verás que cada familia es diferente y por tanto única.

La familia es importante para la sociedad porque nos forma en los valores que necesitamos para vivir en armonía.

Lee con tu docente y tus padres, y comenta:
- En la familia encontramos el amor y cuidado que necesitamos.
- Nuestra familia es la mejor compañía y apoyo durante la infancia y la adolescencia.
- Hay niños que no conocieron a uno, o a ninguno, de sus padres.
- Los niños que carecen de padres pueden ser adoptados por otras familias o parejas.
- Hay familias cuyos padres están separados, pero siguen siendo familia y amando a sus hijos.

Pregúntales a tus padres por qué se separan las parejas y las formas de legalizar la separación.

Si eres hijo (a) de padres separados, escribe lo que piensas o sientes frente a esta situación. Si no, habla con alguien que sí lo sea y escribe su comentario.

_____
_____
_____
_____
_____
_____
_____
_____
_____
_____

3.12 Bases sobre las cuales se debe construir una familia

LOGRO 12. *Entiendo la diferencia entre una pareja y una familia y reconozco la importancia de la familia en la construcción de la sociedad y en la formación de valores*

La familia como base de la sociedad, por ser fundamentadora de valores y trasmisora de aprendizajes básicos para la vida en sociedad, debe apoyarse en el amor, el respeto y comprensión que se prodigue la pareja antes de consolidar la unión.

¿Percibes amor y respeto entre tus padres? _____

Las parejas deben procurar mucho el diálogo y ser muy sinceras en la manifestación de sus sentimientos, dejando claras sus preferencias, intenciones y propósitos, con el fin de facilitar el conocimiento mutuo y la comprensión necesaria para poder consolidar relaciones estables que garanticen su amor, respeto y compañía, tanto para sí mismas, como para su descendencia.

¿Tus padres dialogan? _____
¿Tus padres vivieron la etapa del noviazgo? _____
¿Cuánto tiempo? _____
¿Cuántos años llevan de convivencia? _____

El amor y el respeto de la pareja o de los padres, deben traducirse en confianza mutua y en permanente apoyo para que trascienda a los hijos bajo el aspecto de seguridad, que es lo que en esencia los hijos requieren de los padres, es decir:

- Seguridad de que los aman _____
- Seguridad de que los protegen _____
- Seguridad de que son sinceros _____

Escribe A, B o E (*Aceptable, Bueno, Excelente*), al frente de cada frase según la evaluación que haces de tus padres en los tres aspectos.

La base de la confianza en los niños, respecto de sus padres, se fundamenta en el cumplimiento de las promesas y de los pactos concertados con ellos, por lo que estos deben ser respetados en su totalidad.

¿Tus padres cumplen sus promesas?	☐ Siempre	☐ Algunas veces	☐ Nunca
¿Tus padres cumplen los pactos?	☐ Siempre	☐ Algunas veces	☐ Nunca

La familia es la base de la _____ porque en ella aprendo:

- La lengua materna
- Buenos modales
- Valores
- Derechos y Deberes

Si mis padres se respetan y me respetan, yo aprendo a: ___
_____
_____

Si mis padres son cariñosos y tiernos, yo aprendo a: _____
_____
_____

Si mis padres respetan sus promesas y pactos, yo aprendo a:
_____
_____

Si en familia practicamos el diálogo, yo aprendo a: _____
_____
_____

Si mis padres se ayudan mutuamente yo aprendo a: _____
_____
_____

Si mis padres me valoran, felicitan mis logros y respetan mis diferencias, mejoran mí:
_____
_____
_____

La familia es la escuela donde debo aprender <u>todos los valores</u> y el concepto de <u>derecho</u> y <u>deber</u>.

Mi familia me da identidad, seguridad y amor.

3.13 El sentido de pertenencia

LOGRO 13. *Practico el sentido de pertenencia reconociendo lo propio, lo colectivo, y lo del otro, cuidando mis pertenencias y las colectivas, y respetando las ajenas*

Los bienes que la naturaleza nos brinda, tienen por objetivo cubrir las necesidades de supervivencia de los seres humanos, pero en la medida en que la sociedad se ha organizado y se ha apropiado de conocimientos y bienes, han surgido los bienes personales o propios, los bienes colectivos o comunes y los bienes de los otros, o ajenos.

El cepillo de dientes rojo que es mío es un bien:

_____

El lavamanos, la ducha y el sanitario son bienes:

_____

El cepillo de dientes blanco es:

_____

A los bienes personales hay que cuidarlos y darles el uso adecuado al igual que los bienes:

_____

En cambio a los bienes ajenos hay que:

_____

Respetar en este caso significa no usarlo, no dañarlo, no botarlo y a veces, no tocarlo.

Una frase conocida al respecto, dice: "lo ajeno para su dueño es bueno". Entonces, no existe una justificación válida para botarlo, desconocer su valor, dañarlo o tomarlo como propio. Además, cuando respeto lo ajeno gano el respeto para mis pertenencias.

Cuando cuido y hago uso adecuado de los bienes de uso común, estoy cuidando no solo lo que me beneficia a mí sino también lo que beneficia a otras personas que conviven conmigo, que pertenecen a mi grupo familiar, o a mi comunidad.

Tener sentido de pertenencia significa identificar lo que nos presta un servicio y cuidarlo como propio.

- Enumera los bienes que hay en tu hogar que sean de uso colectivo o común.

_____
_____
_____
_____
_____
_____

- Que bienes hay en tu comunidad que sean bienes comunes.

  _____
  _____
  _____
  _____
  _____
  _____
  _____
  _____

- Un parque es un bien _____
  _____
- Las bancas de la iglesia o templo son bienes
  _____
- El colegio es un bien _____
- La ropa que me compraron es un bien
  _____
- Los regalos de mi compañeros son bienes _____
- Cuidar mis pertenencias dándoles adecuado uso, ayuda a la economía de mí:

  _____
  _____

Cuidar las cosas que nos prestan servicio, denota respeto, responsabilidad y sentido de pertenencia.

¿Cómo manifiesto mi sentido de pertenencia a la familia, al colegio y a la comunidad donde vivo?

En mi Familia:

_____
_____
_____
_____
_____
_____

En mi Colegio:

_____
_____
_____
_____
_____

En mi Comunidad:

_____
_____
_____
_____
_____
_____
_____

Escribe al frente de cada opción la letra que tú decidas, de acuerdo al nivel de sentido de pertenencia que experimentas frente a cada una de estas opciones: A (Aceptable), B (Buena), E (Excelente), I (Indiferente)

Cómo me siento perteneciendo a:
- Una raza ___
- Un género ___
- Una familia ___
- Una comunidad ___
- Una región ___
- Un país ___
- Una religión ___

¿Qué institución o instituciones: Iglesia, colegio, familia, club deportivo, grupo científico, congregación religiosa, agrupación cultural u otro, es la que mejor motiva tu sentido de pertenencia?

_____
_____
_____

¿Por qué?
_____
_____
_____
_____
_____
_____
_____
_____
_____
_____
_____
_____

¿Cómo evalúas y calificas tu sentido de pertenencia? Bueno __ Regular __ Deficiente ___
¿Por qué?
_____
_____
_____
_____
_____

3.14 El cuerpo, mi mayor pertenencia

LOGRO 14. *Reafirmo que mi cuerpo es mi mayor pertenencia y que debo cuidarlo, respetarlo y protegerlo*

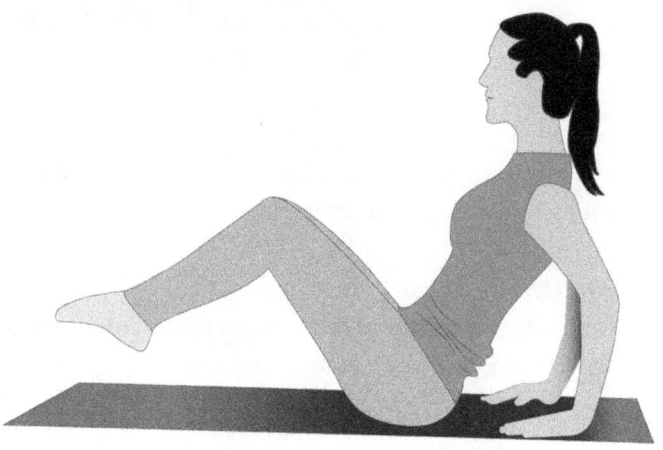

Mi vida y mi cuerpo son el mayor regalo que recibí a través de mis padres. Siendo mi cuerpo mi mayor pertenencia, debo aprender a cuidarlo.

Cuido mi cuerpo cuando:
- Mantengo limpias y aseadas todas sus partes: cabeza, tronco, extremidades superiores e inferiores y órganos genitales, por medio de un baño diario con agua, jabón y un paño para estregarme. Mi cuero cabelludo lo estrego mejor con las yemas de mis dedos. En reemplazo del paño

puedo usar la ropa interior jabonada y de paso aprovecho para ocuparme personalmente de su lavado, pues se trata de mi prenda más íntima y por tanto es muy personal.
- Cepillo mis dientes después de cada comida.
- Me lavo las manos antes de las comidas y luego de usar el sanitario, para evitar llevar microbios a la boca.
- Consumo alimentos variados y saludables.
- Uso ropa limpia en el día y pijama para dormir.
- Uso ropa abrigada en caso de frío o lluvia.
- Uso algún tipo de calzado para mis pies.
- Duermo entre 8 y 10 horas diarias.
- Juego o practico algún deporte.

Protejo mi cuerpo cuando:
- Deduzco que mi cuerpo es personal y privado y por lo tanto sujeto a mis libres decisiones.
- Huyo de extraños que procuran llamar mi atención con dulces, dinero o regalos. Así mismo, cuando me alejo de familiares o amigos cercanos que percibo mal intencionados, al querer tocarme o invitarme a lugares alejados o poco vigilados.
- Me alejo de lugares poco habitados porque no tendré quien me escuche o preste auxilio en caso de un ataque.
- Evito la compañía de compañeros mayores, pues por mi condición de más pequeño (a) pueden abusar de mi vulnerabilidad.
- Procuro pertenecer a grupos de compañeros de mi misma edad, que me valoren y me apoyen, ya que en ellos encontraré ayuda de ser necesario.
- Evito peligros como: meterme sin permiso a propiedades ajenas, subirme a árboles, provocar la furia de animales o emplearlos como transporte sin la destreza y fuerza necesaria para evitar un accidente.
- No me dejo provocar por los alardes de madurez, fuerza, o atractivos de compañeros o compañeras mayores,

quienes, procurando hacerme sentir inferior, pueden inducirme a materializar peligros latentes.
- No abordo el vehículo de personas extrañas que se empeñan en que les haga compañía.
- Evito salir a la calle sin el permiso o compañía de una persona responsable. De ser inevitable la salida, dejo una nota escrita con teléfono y otros datos que permitan localizarme en caso de preocupación o urgencia.
- Selecciono los lugares y personas para mi recreación y diversión que garanticen mi integridad física y moral.
- En caso de presentarse algún peligro dentro de la casa, estando solo (a), llamo al 123 o a alguna línea telefónica de ayuda, o a algún vecino e informo la emergencia en la que me encuentro.

Recuerda: Sólo en caso de un peligro real.

Respeto mi cuerpo cuando:
- No me exhibo desnudo en presencia de conocidos o extraños.
- Evito tocar mis órganos genitales delante de las personas.
- Procuro no consumir licor ni otras sustancias que deterioran mi cuerpo y me ponen en estado de indefensión o vulnerable a cometer errores involuntarios con mi cuerpo.
- Me mantengo agradable por mi limpieza y presentación personal sin alardear por la suntuosidad o marca de mi ropa o exagerar con diseños o adornos con los cuales estimulo la crítica y el irrespeto de mi cuerpo, de palabra o de hecho, por parte de otras personas atrevidas e inescrupulosas.
- Me preparo responsablemente para ejercer trabajos que no impliquen denigrar de mi dignidad y mi buen nombre.

Valoro mi cuerpo cuando:
- Lo cuido, lo respeto y lo protejo.
- Asimilo que mi cuerpo es una herramienta para mi realización personal.

- Descubro sus aptitudes o potencialidades y procuro su mejoramiento y desarrollo.
- Entiendo y acepto sus limitaciones y dificultades como parte de mis diferencias y no como algo de lo que soy culpable o de lo que deba avergonzarme.
- Entiendo que mis dones no fueron mi elección sino mi herencia y por tanto no los convierto en objeto de vanagloria.
- No atento contra su salud y potencialidades ingiriendo sustancias dañinas que lo pongan en riesgo, afecten mi libre decisión y su adecuado funcionamiento.
- Asimilo que es un instrumento de servicio a favor de mi progreso personal y de la humanidad y que a ello va dirigida la misión que me fue encomendada, cuando tuvo lugar mi nacimiento.

Mi cuerpo es personal y privado y por lo tanto debo aprender a cuidarlo, a protegerlo, a respetarlo y a valorarlo.

Mi cuerpo es mi herramienta especial para lograr mis metas y mi misión.

Mi vida y mi cuerpo son el mayor regalo que recibí a través de mis padres. Mis dones y talentos no son mi creación, me fueron otorgados para ponerlos al servicio de una misión.

3.15 Evaluación del taller

LOGRO 15. *Evalúo mis avances en el área, realizando la sopa de letras propuesta*

Determina la palabra que corresponde o completa cada enunciado propuesto en este logro y búscala en la sopa de letras.

1. Al crecer y madurar, seré como ellos

2. Me ayuda a formar mi responsabilidad

   __ __ __ __ __ __ __ __ __

3. Nos lo permite la diferencia

   —— —— —— —— —— —— —— —— —— —— —— —— —— —— ——

4. Nace del cumplimiento de las promesas

   —— —— —— —— —— —— —— —— ——

5. Demostrar mi solidaridad con otros

   —— —— —— —— —— —— —— ——

6. Nos hizo iguales en dignidad como personas

   —— —— —— —— —— —— ——

7. Es perfecto para la misión encomendada

   —— —— —— —— —— ——

8. Primer deber con mi cuerpo

   —— —— —— —— —— —— ——

9. Podemos desarrollarlas con el cuerpo

   —— —— —— —— —— —— —— ——

10. Valor que facilita el entendimiento

    —— —— —— —— —— —— ——

11. Es el día de la familia

    —— —— —— —— —— —— ——

12. Es la única manera de enseñar valores

    —— —— —— —— —— —— ——

13. Vive en nuestro cuerpo y lo activa

    —— —— —— —— —— —— —— ——

14. Rol frente al esposo

    —— —— —— —— —— ——

15. Rol frente a la institución escolar

    —— —— —— —— —— —— —— —— —— ——

16. Es el conjunto de personas con quienes vivimos

    —— —— —— —— —— —— ——

17. Reconocimiento de lo recibido

    —— —— —— —— —— —— —— ——

18. Causa de que todos seamos diferentes

    __ __ __ __ __ __ __

19. Rol frente a tus padres

    __ __ __ __

20. Es la familia que está compuesta solo por padres e hijos

    __ __ __ __ __ __ __

21. Reconociéndolo, reconozco mis diferencias

    __ __ __ __

22. Rol del progenitor frente al hijo (a)

    __ __ __ __ __

23. Asumen la misión de complementarse

    __ __ __ __ __ __

24. Conjunto de características de comportamiento

    __ __ __ __ __ __ __ __ __ __ __

25. Sentido que me permite cuidar lo propio y lo ajeno

    __ __ __ __ __ __ __ __ __

26. Segundo deber con mi cuerpo

    __ __ __ __ __ __ __ __ __

27. Tercer deber con mi cuerpo

    __ __ __ __ __ __ __ __

28. Valor que permite tolerar las diferencias

    __ __ __ __ __ __ __

29. Papel que cumplo dentro de un grupo

    __ __ __

30. Es todo lo que los hijos necesitan

    __ __ __ __ __ __ __ __

31. Sensación interna que perdura en el tiempo

    __ __ __ __ __ __ __ __ __ __

32. Valor que facilita el conocimiento del otro

    __ __ __ __ __ __ __ __ __ __

33. Nace cuando me pongo en la situación del otro

___ ___ ___ ___ ___ ___ ___ ___ ___ ___ ___ ___

34. Hace parte de mi familia extensa

___ ___ ___

35. Lo soy por mi herencia genética y rasgos de mi personalidad

___ ___ ___ ___ ___

36. Cuarto deber con mi cuerpo

___ ___ ___ ___ ___ ___ ___ ___ ___

Cuida y guarda este taller porque te será útil para afianzar ideas en tu grado 2 y como material de consulta en otros momentos, especialmente en el grado 10.

El éxito depende de tu autoestima y motivación. Te deseo muchos, pero muchos éxitos en tu nuevo grado.

¡Felicitaciones!

Índice

Requerimientos para iniciar este taller   7

Justificación taller grado 1   11

Malla curricular   13

Logros   17

Metodología   21

Procedimiento   25

Evaluación   29

1. Mensajes a los estudiantes   31

    1.1 Carta a los estudiantes   33

    1.2 Mi quehacer como hijo, estudiante y ciudadano   41

2. Refuerzo taller nº 0   45

3. Me reconozco en el otro   61

    3.1 Soy único e irrepetible   63

3.2 Así es mi personalidad ... 69

3.3 Las diferencias me hacen singular o único ... 75

3.4 Reconozco la igualdad en la diferencia ... 77

3.5 Mi cuerpo es perfecto ... 81

3.6 Los niños y niñas seremos adultos ... 85

3.7 Los roles de los miembros de una pareja son igualmente necesarios y dignos ... 89

3.8 Hay papás y mamás adoptivos ... 95

3.9 Los niños y las niñas imitamos los roles y comportamientos de nuestros padres y de otros adultos significativos ... 99

3.10 Aportar al bienestar del hogar es valioso ... 109

3.11 Mi familia y cada familia es diferente y única ... 115

3.12 Bases sobre las cuales se debe construir una familia ... 119

3.13 El sentido de pertenencia ... 123

3.14 El cuerpo, mi mayor pertenencia ... 129

3.15 Evaluación del taller ... 133

Editorial LibrosEnRed

LibrosEnRed es la Editorial Digital más completa en idioma español. Desde junio de 2000 trabajamos en la edición y venta de libros digitales e impresos bajo demanda.

Nuestra misión es facilitar a todos los autores la edición de sus obras y ofrecer a los lectores acceso rápido y económico a libros de todo tipo.

Editamos novelas, cuentos, poesías, tesis, investigaciones, manuales, monografías y toda variedad de contenidos. Brindamos la posibilidad de comercializar las obras desde Internet para millones de potenciales lectores. De este modo, intentamos fortalecer la difusión de los autores que escriben en español.

Ingrese a www.librosenred.com y conozca nuestro catálogo, compuesto por cientos de títulos clásicos y de autores contemporáneos.

www.ingramcontent.com/pod-product-compliance
Lightning Source LLC
Chambersburg PA
CBHW031316150426
43191CB00005B/257